AF296238

NOTICE HISTORIQUE

SUR

LA VIE ET LES OUVRAGES

DE

PIERRE JULIEN.

NOTICE HISTORIQUE

SUR

LA VIE ET LES OUVRAGES

DE

PIERRE JULIEN,

Statuaire, de l'ancienne Académie royale de peinture et sculpture, membre de l'Institut national et de la Légion d'honneur,

Lue à la séance publique de l'Institut, du 6 vendémiaire an 14,

Par M. Joachim LE BRETON,

Secrétaire perpétuel de la classe des beaux arts, membre de la classe d'histoire et littérature ancienne, et de la Légion d'honneur.

PARIS.

BAUDOUIN, IMPRIMEUR DE L'INSTITUT.

VENDÉMIAIRE AN XIV.

NOTICE HISTORIQUE

SUR

LA VIE ET LES OUVRAGES

DE PIERRE JULIEN.

~~~~~~~~

Pierre Julien, né en 1731, dans le département de la Haute-Loire (1), commença, à l'âge de 14 ans, chez un sculpteur et doreur de la ville du Puy (2), l'étude de l'art statuaire, dans lequel il a excellé. Un de ses oncles, jésuite, le plaça chez M. Pérache, sculpteur et sur-tout architecte à Lyon, ayant, à ce dernier titre, acquis de la célébrité par de grands travaux qui portent son nom.

Pierre Julien remporta un prix à l'académie de Lyon. Ainsi cette ville, qui a tant de droits à la gloire et à la richesse que les arts répandent sur la France, qui a vu naître Coisevox

---

(1) A Saint-Paulien, près du Puy.
(2) M. Samuel.
~~~~~~~~

et les deux Coustou, peut se féliciter encore d'avoir développé le premier germe du talent bien supérieur de Julien.

M. Pérache pressentit, sans doute, la destinée de son élève, et, persuadé qu'il ne pourrait pas l'accomplir à Lyon, il l'emmena à Paris, pour le confier à Guillaume Coustou, sculpteur du roi, et Lyonnais.

Julien resta environ dix années dans l'obscurité de disciple, voué aux travaux de son maître et aux études de l'Académie, nommée plus exactement aujourd'hui l'École des beaux arts. Ce ne fut qu'en 1765, à l'âge de 34 ans, qu'il se présenta au concours pour le grand prix de sculpture. Il le remporta avec une grande distinction, sur un bas-relief qui représentait *Sabinus* offrant son char aux Vestales, pour fuir, au moment où les Gaulois allaient s'emparer de Rome (1).

L'on put reconnaître dès-lors qu'en suivant les leçons de l'Académie et de son maître, Julien les avait rectifiées ; qu'il avait invoqué des principes plus sûrs. La simplicité du style, un meilleur goût dans les ajustemens, la noblesse des caractères y contrastaient avec la manière du

____

(1) Ce bas-relief fut placé dans la maison de mademoiselle Guimard, à Pantin. Il y est encore.

temps. C'était abandonner la route que suivaient tous les autres statuaires, sur-tout ses maîtres; c'était prouver qu'il y en avait une meilleure. La profonde modestie de Julien pouvait lui faire pardonner de grands succès. On pardonne plus difficilement des principes qui ne sont pas ceux qu'on suit soi-même. Les efforts réunis, constans, heureux, de plusieurs hommes, peuvent seuls dompter les usages, les traditions, les erreurs qui ont vieilli. Julien ne considérait que l'art, n'obéissait qu'à son propre sentiment, étudiait l'antique et consultait la nature. Il n'agitait point avec fracas le joug bizarre de l'école; il s'y dérobait simplement. Mais il est si difficile de s'affranchir de quelque servitude que ce soit, qu'on ne peut guères douter que Julien n'ait eu à expier rigoureusement dans la suite l'indépendance qu'annonçait son glorieux début.

Il partit pour Rome, en 1768. Pendant les quatre années qu'il y resta, il fit, outre les travaux prescrits aux pensionnaires, une copie en marbre de l'Apollon et du Gladiateur, pour le président Hocquart. Ces deux jolies figures, de trois pieds de proportion, sont au Musée de Versailles, où elles rappellent à tous les yeux la beauté des originaux, en attestant aux ar-

(8)

tistes combien il faut de talent et d'habileté
pour approcher de modèles qui sont inimi-
tables.

Dans sa dernière année de séjour en Italie,
Julien fut invité par M. Coustou à venir l'aider
dans l'exécution d'un grand monument de sculpture, le mausolée du Dauphin et de la Dau-
phine, destiné à la cathédrale de Sens. Guillaume
Coustou était au déclin de l'âge : il connaissait
mieux que personne l'extrême habileté de son
élève pour travailler le marbre, et tout ce qu'il
pouvait attendre de sa déférence. Il ne s'était
point abusé : Julien obéit à cet appel, qui jusque-
là honore le maître et l'élève. Il obéit de même
au conseil de ne point encore se présenter pour
l'Académie, parce que son talent, lui disait-on,
n'était pas assez formé. Julien, qui fut toute sa
vie disposé à se croire beaucoup moins d'habileté qu'il n'en avait, souscrivit avec docilité à ce
jugement. Mais à moins de proposer plusieurs
énigmes, je ne dois pas dissimuler que le conseil pouvait avoir d'autres motifs.

Jusqu'à ce qu'un artiste fût de l'Académie,
il n'était regardé que comme élève ; il pouvait
travailler beaucoup aux ouvrages de son maître,
sans en recueillir d'honneur. Le titre d'académicien changeait ces rapports. La dépendance

cessait. Il aurait fallu entrer en partage de gloire, car le nouvel élu avait sa propre dignité à garder. J'ajouterai que les maîtres ayant alors, généralement, le tort de tenir leurs élèves, même les plus habiles, à une trop grande distance d'eux, auraient eu un vaste intervalle à franchir, pour venir se placer sur la même ligne et en communauté de travaux. G. Coustou suivit donc à peu près l'usage et les abus du temps.

Julien se livra tout entier à l'exécution du mausolée, secondé par son condisciple et ami Beauvais. La figure de l'Immortalité est celle à laquelle il eut plus de part. Elle était très-peu avancée, lorsqu'il arriva de Rome; il la termina. Mais il avait environ 45 ans, et les épreuves graduées pour parvenir à l'Académie étaient longues.

Ce n'était point par une nomination spontanée qu'on y entrait ; il fallait se soumettre à deux jugemens, sur des ouvrages particuliers. Si le premier jugement était favorable, l'on était agréé. C'était le vestibule. Pour pénétrer plus avant, pour être reçu académicien, l'on devait présenter un autre ouvrage, qui était jugé de nouveau. Le sculpteur exécutait d'ordinaire en marbre la figure dont il avait présenté le modèle pour son agrément.

Le peintre présentait un autre tableau. Julien, qui n'avait plus de temps à perdre, se décida à commencer ses épreuves.

L'on ne saurait nier que ce mode d'admission n'eût quelque chose de solennel, et qu'il n'offrît des avantages. Il avait d'abord celui de faire produire à d'habiles artistes des ouvrages auxquels ils mettaient tous leurs soins et tous leurs talens, puisque la réputation, leur état en dépendaient. Ces ouvrages restaient à l'Académie qui siégeait au milieu d'eux. Ils formaient des espèces d'archives chronologiques et historiques de l'art. On a dit quelquefois que c'était aussi une sorte d'impôt mis sur les récipiendaires : mais le dédommagement suivait de près, et il eût été facile de pourvoir aux cas très-rares d'exception où l'on aurait cru convenable de faire l'avance d'un encouragement à un artiste trop gêné. Comment d'ailleurs ne pas regretter un usage auquel on doit les tableaux d'Icare (1), de l'enlèvement d'Orythie (2), de la veuve d'Hector (3), de l'éducation d'Achille (4)? En

(1) Morceau de réception de M. Vien.
(2) *Idem* de M. Vincent.
(3) *Idem* de M. David.
(4) *Idem* de M. Regnault.

sculpture, le jeune Faune par Salis, le Narcisse d'Alegrain, l'Abel de Stouf, l'Achille de Giraud, les morceaux de réception des habiles statuaires que je vois dans les rangs de l'Institut, et celui de Julien qui est en possession de passer pour le plus parfait de tous? il n'est pas jusqu'aux mauvais ouvrages, s'il s'en trouvait dans cette collection, qui n'ayent leur utilité ; ils attestent jusqu'où le goût peut se corrompre, et l'opinion s'égarer.

Un autre usage de l'Académie royale de peinture et sculpture, qui semblait sage aussi, c'était d'admettre les agréés à juger les concours pour les grands prix ; non que nous croyions cette adjonction nécessaire pour l'intégrité des jugemens ; à quels titres les maîtres pourraient-ils réclamer la justice, pour leurs propres ouvrages, s'ils ne donnaient pas l'exemple de la plus parfaite impartialité dans une circonstance aussi essentielle? Mais c'était ajouter de la valeur aux couronnes, étendre les relations de famille parmi les artistes, honorer le mérite dans les juges adjoints. Si la vérité historique me forçait de laisser peser quelque reproche sur l'Académie, j'aurai du moins pris d'avance le plaisir de rendre justice à plusieurs de ses réglemens.

Quoique peu encouragé par son maître, Julien

se présenta, pour être agréé, avec la figure de Ganymède versant le nectar. Selon l'usage encore, il fallait un patron présentateur : G. Coustou voulut bien lui en servir. Il était alors recteur de l'Académie, avec beaucoup d'influence. Cependant Julien essuya l'humiliation rare d'un refus, si l'injustice et une extrême dureté peuvent humilier un grand talent déja connu. Le moins qu'on ait inculpé G. Coustou, c'est d'avoir trop faiblement soutenu son élève; d'autres ont été jusqu'à croire qu'il ne voulait l'émanciper que lorsque tous ses propres travaux seraient finis. Je ne prétends point fixer un soupçon peut-être trop sévère; mais il est certain que les trois commissaires chargés d'examiner la figure présentée, avaient proposé de l'agréer. En effet, si cette figure n'est point citée parmi les meilleures qu'ait faites Julien, il est incontestable qu'elle était supérieure au grand nombre de celles qui avaient ouvert jusqu'alors les portes de l'Académie, et qu'elle égalait le petit nombre de celles qui avaient de la réputation.

Cette étrange rigueur surprit; mais elle accabla, elle découragea entièrement Julien; et c'est principalement pour que les jeunes artistes qui l'admirent, apprennent à ne jamais se laisser abattre par un revers, quelle qu'en soit la cause, que je retrace cette fâcheuse anecdote. Dans les arts où il n'y a point, à proprement parler, de théories écrites, la vie des artistes célèbres est une des sources où leurs successeurs cherchent à s'instruire. J'espère que ce motif me fera pardonner quelques détails.

En réfléchissant à sa position, Julien devait réellement la trouver désespérante. Ce n'était que par le titre d'académicien, de sculpteur, peintre ou architecte du roi, qui en étaient les synonymes, qu'un artiste pouvait être classé. Il n'existait point de réputation hors de l'Académie. Les récompenses, les travaux du Gouvernement se répartissaient entre les académiciens; et il se voyait, pour ainsi dire, enchaîné dans une sorte de compagnonage, à quarante-cinq ans! Tout, jusqu'à sa modestie, tourna contre lui, car il se crut de bonne foi voué à la médiocrité! ce sont les propres expressions avec lesquelles il me racontait cette circonstance, encore avec sensibilité, dans les derniers mois de sa vie. Sa persuasion augmentant son désespoir, il se condamna à descendre de la haute sphère de l'art, et sollicita l'emploi de sculpteur de proues de vaisseaux à Rochefort. Il allait l'obtenir, et d'après son caractère il s'y serait sûrement borné, sans les efforts de quelques amis qui parvinrent avec beaucoup de peine et de temps à lui faire prendre une plus juste opinion de lui-même. Ils méritent un hommage public, pour l'avoir conservé à l'art, à la gloire et à l'école française. Ce furent donc le président Hocquart, le baron de Juyt, de Lyon, qui lui demandèrent chacun l'exécution en marbre de cette même figure sur laquelle on venait de le refuser (1) : ce fut un jeune condisciple qui commençait à se vouer aux arts, en s'initiant à leur pratique, qui depuis les a servis dans les fonctions administratives, qui les éclaire maintenant par de savans ouvrages, M. Quatre-merre de Quincy, étudiant alors avec Julien, ou plutôt sous Julien, dans l'atelier de G. Coustou : enfin ce fut son digne ami Dejoux, qui, de l'école de Rome où il était, lui tendit le bouclier de l'amitié, si puissant contre le malheur. Relevé par eux, Julien consentit à se représenter.

Cet événement ayant troublé sa vie, pendant plusieurs années, et vingt ans de gloire n'ayant point entièrement détruit l'amertume attachée à son souvenir, je n'avais pas le droit de le retrancher. Dans les annales de l'ambition, où l'on ne

____

(1) Julien y fit quelques changemens heureux.

montre d'ordinaire que les extrémités des choses, le succès ou le but manqué, on ne peserait point des contrariétés, des injustices, des perfidies individuelles. Dans cette arène, les champions sont armés d'abord d'insensibilité : ils attaquent et se défendent sous la même armure : rarement ils se blessent au cœur. Ils habitent la région des tempêtes, et savent lutter avec les vents ! mais l'artiste, pour qui la sensibilité est un second génie, chez qui elle est ou vive, ou délicate, ou profonde, facile à blesser ou difficile à guérir, c'est le rendre malheureux, le paralyser, attenter à l'art, que de l'attaquer dans cet organe intérieur. Comme l'abeille, il ne s'occupe qu'à composer son miel, il ne cherche que le calice des fleurs : le calme est le seul élément dans lequel il puisse subsister et produire. Défendons sa paix : au nom des arts, anathème à quiconque la trouble !

Un autre motif m'aurait déterminé à ne pas omettre ces circonstances : c'est la leçon de l'exemple qui n'est jamais plus utilement offerte, ou plus facilement pardonnée, que lorsqu'elle ne s'applique point au présent. Je dirai donc ce qui a le plus nui aux arts en France : c'est que leur Académie fut trop souvent opprimée par quelques-uns de ses membres, ce qui dut

la rendre elle-même quelquefois oppressive.
La sécurité et la justice sont les premiers besoins
des beaux arts : l'indépendance du génie leur
est nécessaire. Pour conserver le feu sacré dans
leur temple, il faut, comme aux prêtresses de
Vesta, des règles sacrées à suivre religieusement,
point de volontés arbitraires à servir, point de pro-
fanations à craindre : il faut des succès à ambi-
tionner, des récompenses et de la considération
à acquérir, par le seul talent : il faut une équité
délicate et soigneuse dans leur administration.
S'il en est autrement, les arts ne peuvent point
prospérer. Une seule de ces conditions omise
les fit déchoir, même sous le règne généreux de
Louis XIV. Ils en avaient reçu tous les genres
d'encouragemens, et non pas seulement des
bienfaits ; ils s'étaient étroitement alliés à lui,
avaient embelli, par leur magie, son trône, sa
gloire, jusqu'à ses plaisirs ! ils rendaient grand ce
siécle, dont ils couvrent encore les fautes et
les revers : enfin ils étaient au plus haut point de
splendeur. On commit l'erreur de croire qu'ils
pouvaient obéir à un homme : Lebrun leur
commanda, ne croyant peut-être lui-même que
les diriger ; tout prit la même physionomie, et
de ce moment les arts déclinèrent. Leur astre
avait pâli avant celui de Louis XIV. Poussin

et Puget furent obligés de s'exiler , pour suivre l'impulsion de leur génie.

Le mal fut extrême, lorsque les arts et leur Académie passèrent sous l'autorité d'hommes dénués de l'illustration du talent et des qualités qu'exige leur administration. Le joug de la médiocrité n'est pas le moins dur, et il avilit davantage. Ce fut par cet enchaînement d'effets d'une même erreur que les beaux arts, déclinant toujours, se trouvèrent sous Louis XV, au plus bas dégré de décadence où on les ait vus, depuis la renaissance. C'est alors qu'il arrive que des hommes comme Julien peuvent être entièrement découragés, que le génie peut être étouffé, avant d'éclore , ou s'éteindre , sans produire, tandis que la médiocrité prospère , et lui insulte par sa prospérité et ses dédains.

Vous venez de voir, Messieurs, combien peu s'en est fallu que Julien n'ait pas produit son Guerrier mourant, les statues de La Fontaine, du Poussin et la Baigneuse! Je n'aurái désormais à vous entretenir que de ses succès, des suffrages unanimes qui l'accompagnèrent jusqu'au tombeau, pour se continuer dans la postérité. Ce que ma tâche avait de pénible est rempli.

L'Académie était impatiente de réparer le tort

qu'elle avait fait à Julien, le tort qu'elle s'était fait. Elle avait entendu les murmures d'improbation ; mais la conduite qu'elle tint, prouve qu'elle avait encore plus besoin de consoler l'artiste méconnu que de se réconcilier avec l'opinion éclairée. De son côté, le statuaire avait fait des efforts, et préparait un admirable ouvrage. C'était ainsi qu'il convenait à l'un et à l'autre de se remettre en présence. Julien fut agréé, en 1778, à l'unanimité, sur le modèle de son Guerrier mourant, et reçu de même académicien, en 1779, sur le marbre de c tte figure. Il avait alors quarante-huit ans.

Il manqua sans doute au bonheur de G. Coustou de n'avoir pas pu contribuer de son suffrage à ce tardif triomphe : il était mort l'année précédente.

Le morceau de réception de Julien réunit, au plus rare degré, la science de l'art à la grâce naturelle et à la perfection du ciseau. C'est une figure d'environ trois pieds de proportion, représentant un guerrier, ou un gladiateur, blessé à mort. Ses jambes ont fléchi ; il est affaissé sous lui-même. Il vit encore, mais le souffle qu'il aspire sera le dernier. La pose, l'arrangement, ne ressemblent à aucune statue antique connue, et toute la figure a le caractère de l'antique. C'est la beauté virile d'un homme en parfaite santé, qui meurt d'un accident. Julien prit par cet ouvrage, et en entrant dans l'Académie, dont n'aguères il se croyait si loin, la première place parmi nos statuaires. Tout ce qu'il a fait depuis lui a confirmé cette prééminence.

Le gouvernement avait commencé, depuis environ deux ans, à réaliser la belle conception d'ériger des statues à nos grands hommes (1) ; M. d'Angiviller avait eu la gloire de la proposer, le roi, la gloire de l'adopter ; la France a la gloire de l'avoir maintenue, car c'est une institution qui paraît fixée. Si jamais, ce qu'il n'est pas permis de craindre aujourd'hui, l'on pouvait la négliger, il y auroit un moyen sévère d'y ramener : ce serait de dire que pendant les orages de la révolution, non-seulement la statue de Duguesclin fut faite, mais, ce qui est bien plus remarquable, que le marbre fut offert pour commencer celle du pieux et charitable Vincent de Paule, et qu'elle fut exécutée.

Comme il n'appartient qu'à la sagesse de donner de la stabilité aux choses, il faut qu'elle continue à ne choisir pour ces apothéoses que des noms

____

(1) Ce fut à l'exposition publique de 1779 que parurent les premières de ces statues.

consacrés par le temps. Vous les voyez, Messieurs,
ces monumens d'un légitime orgueil national : ils
couronnent cette enceinte ! Reconnaissez-vous
parmi eux quelques marbres importuns, un seul
marbre réprouvé ? tous commandent l'admiration ou le respect. Si Montausier se trouve à
côté du grand Corneille, pardonnons à Fléchier
d'avoir abusé de l'art oratoire. D'ailleurs l'aus-
tère probité mérite aussi d'être honorée, et l'on
ne court pas le risque de lui voir prodiguer
trop de statues. Mais Descartes, Montaigne, Corneille, Racine, Molière, La Fontaine, Le Poussin,
Bossuet, Fénélon, Pascal, l'utile Rollin, Mon-
tesquieu, et tant d'autres qui nous manquent
encore et dont la gloire est également assurée,
tous ces grands hommes, présens ou attendus,
sont nos dieux Pénates : nous les emporterons
avec piété, pour les honorer toujours, dans le
nouveau temple que la munificence de l'Empereur
et Roi fait préparer aux sciences, aux lettres
et aux arts, et qui en sera digne encore, après
celui-ci (1).

Julien eut la gloire et le bonheur d'exécuter
deux de ces statues, celle de La Fontaine et

---

(1) Le collège Mazarin, que S. M. fait disposer pour
recevoir l'Institut.

celle du Poussin, dont nous faisons aujourd'hui l'inauguration. J'ai dit le bonheur, et c'en est un que dans la distribution de travaux où le hasard, l'indifférence, président souvent, la statue de La Fontaine lui soit échue. Quelque sujet qu'on lui eût donné, il aurait toujours bien mérité de l'art; mais celui-ci seul renfermait, pour Julien, l'occasion de se caractériser lui-même, en ne s'occupant que du caractère de son modèle; car, Messieurs, par une rencontre extraordinaire, Julien fut peut-être de tous les hommes celui qui a le plus ressemblé à La Fontaine.

Tout ce que son ciseau a produit, se distingue par la naïveté, la simplicité, la grâce de l'exécution, par la finesse et une certaine profondeur de pensée. Mais c'est principalement dans cette statue qu'on trouve toute leur ressemblance. Certes, il fallait avoir une portion du même génie, du même esprit, pour inspirer le marbre au point où il l'est dans la tête. On est retenu devant elle par un charme qu'on ne se définit point : on ne pense pas à l'admirer, car rien n'étonne; mais, quand on la quitte, on l'aime, et l'on s'aperçoit qu'on l'admire aussi : c'est comme si l'on venait de lire La Fontaine tout entier. Involontairement l'on s'est demandé de laquelle de ses compositions l'inimitable

2 *

semble si occupé? Est-ce bien, comme on l'assure, de la fable du renard et des raisins? Pourquoi ne serait-ce pas aussi de l'apologue, toujours si vrai, de l'huître et des plaideurs....? non : sa pensée paraît plus profonde : c'est de l'apologue du loup et de l'agneau..... du paysan du Danube.... de l'homme et de la couleuvre...! Mais un sourire va naître : il annonce la naïveté, la malice : il songe à Perrette, ...? peut-être à la Matrone....? à Joconde....? Je me trompais : une nuance de sensibilité domine dans sa physionomie : ah! il fait la fable des deux amis! il en est à ces vers :

> .... Je suis vite accouru ;
> Ce maudit songe en est la cause!

Il faut, Messieurs, renoncer à deviner et convenir encore une fois que l'artiste a exprimé tout La Fontaine! il lui a donné le sentiment, la pensée, le caractère. Il atteint le dernier but de l'art : il touche le cœur et intéresse l'esprit. Comme le statuaire de la fable, Julien aurait pu dire, d'un bloc de marbre, *il sera Dieu!*

Sur la plinthe du piédestal sont indiquées, par de petits bas-reliefs, esquissés seulement, plusieurs fables; ce qui, joint à la vérité de nature et d'exécution du tout, compose un monument tellement homogène, qu'un seul fragment suffirait pour faire reconnaître à quelle statue il appartint.

La charmante statue, dite la Baigneuse de Rambouillet, placée maintenant au Musée du Sénat conservateur, excita une admiration plus vive encore que la statue de La Fontaine. Elle fait moins penser ; mais le sujet a plus de charme pour les yeux. Tout ce qu'on peut supposer de grâce, de fraîcheur, de beauté dans une jeune bergère, nue à peu près ; le statuaire en a doué le marbre. Il est convenu généralement que c'est la plus gracieuse statue de femme que les modernes aient produite.

Elle fut faite pour une destination déterminée, pour la laiterie du château royal de Rambouillet, d'où elle tire son nom. C'était un petit édifice circulaire, à l'extrémité duquel la statue était placée. L'eau limpide d'une fontaine venait caresser son pied gauche, qui semble la chercher. Le mouvement de ce pied n'est plus motivé dans l'emplacement qu'elle occupe aujourd'hui, et pourrait même sembler un défaut ; mais il faut remonter à l'intention de l'artiste. La chèvre chérie de la bergère se groupe avec elle, sans se confondre, sans trop distraire l'œil. Elle flaire l'eau, comme pour s'y désaltérer.

Deux bas-reliefs, de quinze pieds de long, et dont les figures ont trente pouces, représentant l'un Apollon, berger chez Admette, l'autre la fable de la Chèvre Amalthée; cinq bas-reliefs d'une moindre proportion, également de la main de Julien, et dont les sujets sont analogues, décoraient le petit temple de la Baigneuse.

Le succès de cette statue et du monument fut un triomphe pour l'art, pour l'artiste, et aussi pour M. d'Angiviller, qui avait choisi Julien, et qui, par un attachement naturel, voulait faire sa fortune. L'art y aurait gagné : nous aurions un plus grand nombre d'ouvrages de Julien. La révolution détruisit ces heureuses espérances, que ses amis regretèrent plus que lui. Il restait chargé de la statue du Poussin. Il l'acheva lentement, les circonstances ne l'excitant point à d'autres travaux, et paralysant quelquefois ceux qui étaient commencés. Il ne demandait que de vivre assez pour la terminer. Il n'a guères obtenu davantage : il est mort trois mois après.

S'il eût été avide d'éloges, il aurait pu reprocher au public d'être devenu moins sensible à l'attrait des arts, d'accorder à peine un regard indifférent aux plus beaux ouvrages, et de passer sans les sentir. Mais Julien n'aimait ni la louange bruyante, ni la louange douteuse; son sentiment et l'opinion de quelques artistes distingués lui suffisaient. La vanité consomme trop d'encens pour le choisir : les beaux génies en usent sobrement; mais ils veulent le plus pur. Au reste, il fut satisfait : son dernier ouvrage fut jugé digne des autres.

Il présentait deux grandes difficultés à vaincre, l'une qui désole tous les statuaires, la sécheresse du costume moderne, et l'autre, la ressemblance des traits, pour laquelle il s'était décidé, après quelque hésitation. Julien a échappé à la première par une fiction probable : il a supposé que le Poussin, depuis long-temps fixé à Rome, où l'on couche nud durant les chaleurs de l'été, a conçu, pendant la nuit, une idée heureuse pour son testament d'Eudamidas; que, craignant qu'elle ne lui échappât dans le sommeil, il s'est levé aussitôt, s'est enveloppé de son manteau, et qu'il vient de la fixer. Cette épisode a le mérite d'exprimer l'esprit méditatif du Poussin, toujours occupé de ses ouvrages, de motiver le nud des bras et des jambes, et de donner les moyens de draper avec noblesse. Mais en ennoblissant le costume et le style de la statue, c'était augmenter la difficulté de conserver à la tête, qu'il voulait faire ressemblante, assez de caractère. Julien a vaincu heureusement encore cet obstacle. Le travail du marbre semble être de la fleur de son âge.

Il a fait des ouvrages moins importans et qui seraient de beaux titres pour d'autres, tels que ses travaux pour la nouvelle église de Sainte-Géneviève, sur-tout un bas-relief qui décorait le péristyle. Le changement de destination de ce monument les fit effacer. Il exécuta aussi plusieurs copies, d'après l'antique, pour le baron de Juyt. Mais ses relations avec cet ami vous intéresseront davantage que tout ce que je pourrais ajouter sur le talent de l'artiste et elles m'amèneront à faire connaître ses qualités morales.

Sa santé, naturellement débile, avait été fort altérée par le chagrin. Il fut obligé, pendant long-temps, de quitter Paris, chaque été pour respirer l'air des provinces méridionales. Il allait à Lyon, chez le baron de Juyt, dont l'amitié délicate lui avait choisi d'avance des travaux qui pussent l'intéresser, sans le fatiguer trop. Après quelques jours de repos, Julien se trouvait mieux, le besoin de son art renaissait et il reprenait le ciseau pour son ami. Il revenait toujours à Paris avec du bonheur et de la santé.

Julien était aimant, quoique peu expansif. On ne causait pas long-temps avec lui, qu'il ne parlât de ceux qu'il chérissait, soit qu'il les eût perdus, soit qu'ils vécussent, car les uns et les autres lui étaient également présens. Ses plus intimes amis furent des hommes très-distingués dans son art, MM. Dejoux et Beauvais ; ce qui atteste à la fois plusieurs qualités rares.

Il fut bienfaisant. Mais avec sa retenue et sa modestie, ses bienfaits devaient être impénétrables. Ses longues absences le forcèrent d'en révéler quelques-uns à son ami Dejoux qui en devenait le ministre, et avançait alors les secours réglés que Julien offrait à de jeunes artistes peu fortunés....

J'ai souvent parlé de la modestie de Julien, parce qu'elle faisait la base de son caractère et qu'on la retrouve en tout. A la fin de sa carrière glorieuse, il ressemblait encore au talent timide qui doute de lui-même, comme s'il ne s'était jamais éprouvé. Mais on se serait mépris, si l'on eût attribué sa timidité à la faiblesse du caractère. Lorsqu'il s'était décidé, soit sur ses ouvrages, soit sur ses affaires privées, son parti était fixe. L'on aurait pu croire, aux égards avec lesquels il écoutait encore les avis différens du sien, que c'était de la soumission ; mais il persistait. Vivant pour ainsi dire hors du monde, pour son art, pour lui-même et quelques amis, quel autre usage avait-il à faire de sa volonté ?

Les deux dernières saisons de sa vie furent heureuses. Tous les artistes lui rendaient un sincère hommage. Nos plus habiles statuaires semblaient se dépouiller de leur propre gloire pour rendre la sienne plus brillante. J'ai été témoin de ce touchant exemple de justice généreuse qui honore les arts.

Il mourut le 26 frimaire dernier, âgé de soixante-quatorze ans. Nous le regretons comme grand artiste, comme homme excellent, comme confrère chéri.

Parmi ceux qui m'écoutent, il en est sûrement qui sont surpris qu'un homme si difficile à apercevoir, hors de ses ouvrages, ait autant de droits à une illustre renommée : peut-être quelques-uns regrettent-ils de n'avoir pas fait plus d'attention à lui ? S'il était possible qu'il s'en trouvât qui l'eussent dédaigné, parce qu'il n'était ni pompeux, ni brillant, parce qu'il était sans vanité, on pourrait leur dire, en rapprochant une dernière fois Julien de La Fontaine, *Messieurs les beaux esprits, vous n'effacerez point le bon-homme*.